AF496399

DISCOURS PRONONCEZ DANS L'ACADÉMIE FRANÇOISE,

Le Samedy vingt-ſeptiéme Septembre M. DC. LXXXXVIII.

A LA RECEPTION DE MONSIEUR L'ABBÉ GENEST Aumoſnier ordinaire de Madame la Ducheſſe de Chartres.

A PARIS,
Chez JEAN BAPTISTE COIGNARD, Imprimeur & Libraire ordinaire du Roy, & de l'Académie Françoiſe, ruë S. Jacques, à la Bible d'or.

M. DC. LXXXXVIII.

AVEC PRIVILEGE DE SA MAJESTÉ.

MONSIEUR L'ABBÉ GENEST Aumosnier ordinaire de Madame la Duchesse de Chartres, ayant esté éleu par Messieurs de l'Académie Françoise, à la place de feu Monsieur BOYER; *y vint prendre séance le Samedy vingt-septiéme Septembre* 1698. *& prononça le Discours qui suit.*

ESSIEURS,

Toutes les fois que j'ay consideré attentivement l'Institution de cette illustre Compagnie, ses Loix, ses Exercices, je me suis representé ce que les Poëtes & les anciens Philosophes ont dit de ces Isles fortunées où estoient receuës les

Ames innocentes & genereuſes. C'eſtoit une Aſſemblée de bien-heureux Eſprits qui n'avoient rien conſervé de ce qu'ils poſſedoient parmi les hommes, que leurs nobles Inclinations. Grandeurs, Richeſſes, Dignitez ; tout ce qui ébloüit le vulgaire ne les avoit point ſuivis. Une aimable Egalité regnoit entre eux. Ils converſoient tranquillement à l'ombre des Palmes & des Lauriers. Socrate y eſtoit à coſté d'Achile, Alexandre auprés de Menipe, Ulyſſe avec Homere. Veritable Idée de ce que nous voyons ſous ces lambris auſſi paiſibles qu'auguſtes. Les grands Noms, les grands Titres n'y reglent point les rangs, ni les ſucceſſions. Les Prelats, les Miniſtres, les Magiſtrats, les Guerriers n'y ont jamais pretendu de preſéance ſur les Orateurs, les Poëtes & les Hiſtoriens. L'Egalité y maintient l'Ordre, & l'Harmonie. L'Authorité n'y parle qu'avec la Raiſon. La difference des Conditions n'y eſt reconnue que par les divers talens de l'Eſprit. L'excellence de l'Eſprit meſme, les threſors de la Science qui inſpirent quelquefois tant d'orgueil n'y doivent eſtre admis qu'avec la Politeſſe, l'Elegance, l'Honneſteté & les Graces.

A ce diſcours, MESSIEURS, vous pouvez juger de tout ce qui ſe paſſe dans mon ame ; il ſuffit ſeul pour vous expliquer mon ravissement & ma reconnoissance. Je sens bien au moment où je parle que la pudeur s'éleve sur mon visage avec la joye. Mais enfin s'il y a eu beaucoup de presomption à moy de vous demander la place glorieuse que vous m'accordez aujourd'hui, vous voyez aussi, MESSIEURS, combien il m'estoit difficile de ne la pas desirer.

Je n'ignore pas qu'en des occasions semblables à celle-cy vous avez accoustumé de recevoir des tesmoignages d'une joye eloquente & d'une reconnoissance ingenieuse ; mais au lieu de ces efforts estudiez, peut-estre, MESSIEURS, prendrez-vous plus de plaisir à voir mon cœur profondément penetré de la grace que vous me faites. Je ne m'engageray pas non plus à des loüanges recherchées pour Celuy à qui j'ay l'honneur de succeder. Ce soin est peu necessaire pour un Homme dont le Merite est si connu. Il a esté assidu à vos Assemblées durant plus de trente ans. Il y en a plus de cinquante que sa Reputation est establie, & que les Theatres ont retenti de ses Ouvrages. Ce que j'aurois particulierement à remarquer, c'est qu'il a traité si long-temps les Passions humaines sans jamais en éprouver le desordre ; qu'il a, pour ainsi dire, habité ce pays de l'Illusion & des Fictions sans alterer en rien sa Probité exacte & sincere. Pour son coup d'essay, il fit parler une illuſtre Romaine, qui receut de grands aplaudiſſemens ; & il a encore plus heureuſement fini par une Heroïne ſacrée, qui attira le concours de tout Paris. Il a ſanctifié ſes dernieres productions en les adreſſant au Ciel. Le Public a ſouvent entendu de luy des Paraphraſes, des Stances, & des Cantiques remplis du feu de la Poëſie & du zele d'une veritable Pieté. Qu'ajoûterois-je encore, MESSIEURS? Vous l'aimiez, vous le regrettez ; ce ſont de beaux traits à ſa loüange ; & je ne doute point, à ſon égard, que tant qu'il a veſcu il n'ait compté pour ſa principale Gloire celle d'eſtre parmi vous.

Pour moy, MESSIEURS, je le rediray mille fois, ce ſera tout mon remerciment, rien ne me paroiſt preferable à l'honneur d'eſtre receu dans une Aſſemblée où tout le merite de l'Eſprit vient chercher ſa perfection & ſa recompenſe. Les grands Artiſans de la Gloire, ceux qui par leurs brillans & ſolides Ouvrages enſeignent ou couronnent la Vertu, ſe ſont formez dans voſtre Compagnie, ou ſe ſont unis avec Elle.

Peut-on nier que tout ce qui a paru de plus eſtimable & de plus achevé dans l'Empire des Lettres ne ſoit ſorti de cette Source ſi pure & ſi feconde? Veut-on voir l'utilité de l'Académie? veut-on voir ce qu'elle a contribué pour amener nostre Langue à cet estat de perfection qui fait tant d'honneur à la France & à nostre Siecle ? qu'on examine ses commencemens & ses progrez.

Lors que de laborieux Genies nous eurent apporté sans choix les precieuses depouilles de l'Antiquité, il en vint de plus heureux qui par un goust exquis chercherent chacun selon leurs veües à decouvrir & à pratiquer l'Art qui estoit encore enseveli sous cette Erudition confuse. De ceux-cy l'Académie Françoise fut composée, comme le fut autrefois la Republique d'Athenes des Tribus separées dans l'Attique. Croira-t-on que tant de lumieres reunies n'ayent pas produit une plus grande lumiere ? Croira-t-on que tant de forces jointes ensemble n'ayent pas agi avec plus de succez ? Qu'on en juge donc par l'experience & avec un equitable discernement.

Depuis l'Examen du Cid, Epreuve celebre de l'Académie naissante, & action si considerable par les interests qui la causerent ; depuis ce fameux Examen, le grand Corneille qui avoit déja surpassé tous ses Rivaux, ne s'éleva-t-il pas jusqu'à se surpasser luy-mesme.

Aprés ses belles Tragedies, n'en a-t-on pas veu encore d'autres dignes de l'ancienne Grece? n'a-t-on pas veu la Morale vivante joindre à ses instructions pathetiques tout le charme & toute la magnificence des Chœurs.

Une ingenieuse main ne nous a-t-elle pas donné en mesme temps & par les mesmes traits les leçons & les exemples du plus beau des Arts? La poëtique n'a-t-elle pas esté enseignée par tout ce qu'il y a de beau, de riche, de riant, en un mot, de parfait dans la Poësie?

Que de sçavantes Traductions nous rendent le veritable Esprit & les secretes pensées des Autheurs les plus estimez de tous les Temps, en nous parlant si naturellement nostre Langue!

Que d'éloquents Panegyriques meslez aux hymnes & aux chants de Victoire ont esté prononcez dans ce lieu-mesme!

Depuis les sujets les plus simples jusqu'aux plus élevez, la Fable, l'Histoire, la Politique, les Sciences, vous nous donnez tout. Par Vous, MESSIEURS, toutes les Productions de l'Esprit sont parfaites, & sont distinguées entre Elles, avec les graces, la justesse, l'œconomie, la force, ou la grandeur qui leur sont propres, & par les traits essentiels qui font leurs vrais caracteres.

Où la dignité de nostre Langue n'est elle point parvenuë aussi-bien que sa beauté? Cette divine Science, qui vient immediatement du Ciel pour éclaircir nostre foy, & dont les Meditations trop abstraites ont exercé si épineusement

ſement les plus doctes & les plus celebres Ecoles, cette Science qui nous apprend des Veritez ſi ſenſibles, mais en meſme temps ſi inacceſſibles, ne ſe decouvre-t-elle pas aujourd'huy avec une netteté lumineuſe, & ne charme-t-elle pas nos eſprits autant qu'elle les éclaire?

Enfin, ne voit-on pas cette Langue ſi heureuſement cultivée s'eſtendre de jour en jour dans les Pays les plus éloignez, y faire aimer la douceur des Loix & des Mœurs de la France, devenir la Langue generale de tous les Peuples dans les grandes Negociations, repandre dans l'Univers les Sciences & les Arts, & faire eſtimer les François par l'excellence & l'élevation de l'Eſprit, autant qu'ils ſont renommez par la majeſté de leur Empire & par la force de leurs Armes?

VOila, MESSIEURS, ce qui a ſuivi l'eſtabliſſement de l'Académie Françoiſe, & voila le plus bel Eloge du grand Cardinal de Richelieu qui la fondée! on diroit auſſi qu'il n'en a point voulu d'autre. Lors qu'il refuſa ce tribut perpetuel de loüanges que vos Predeceſſeurs s'offrirent de luy voüer par leurs Statuts, peut-eſtre que ſa Gloire eſtoit d'accord avec ſa Modeſtie, & qu'il jugeoit que la Datte ſeule de voſtre Inſtitution honnoroit aſſez ſon miniſtere.

Sa Memoire touſjours plus reverée & plus

éclatante, à meſure que les nuages de l'Envie ſe ſont diſſipez, eſt maintenant au-deſſus des Apologies comme des Libelles. Mais s'il falloit meſme accorder quelque choſe aux jaloux Ennemis qui l'accuſoient de meſler ſa propre ambition & ſes propres intereſts à ceux de l'Eſtat, & à ceux de ſon Roy, il faudroit auſſi qu'ils convinſſent que cela n'a jamais paru que dans l'Eſtabliſſement de l'Académie Françoiſe.

En donnant ce nouvel éclat au Regne de LOUIS LE JUSTE, & à la France un ornement ſi utile & ſi glorieux, il s'aſſuroit à ſoy-meſme une gloire durable dans tout l'avenir, & ſatisfaiſoit pendant ſa vie l'ardente paſſion qu'il avoit pour les Lettres, diſons pour les Muſes qui luy eſtoient familieres, qui luy eſtoient neceſſaires. Elles luy avoient communiqué tous leurs ſecrets, & répandant ſur ſes levres les charmes de la perſuaſion, aidoient l'authorité naturelle qu'il tenoit deſja du Ciel, à gagner tous les Eſprits capables d'entrer dans ſes grands deſſeins. Elles le délaſſoient dans ſes travaux. Elles adouciſſoient les cruelles atteintes que la Haine & l'Envie portoient inceſſamment à ſa vertu. Par la hauteur & la ſublimité de leurs Penſées, elles luy ouvroient des Routes nouvelles & de plus grandes Veues. Par les vives images de l'Immortalité, elles fortifioient l'ardeur de ſon Courage heroïque contre tant d'injuſtices de traverſes & de difficultez qu'il avoit tous les jours à ſurmonter, & contre la deffaillance meſme d'un Corps accablé de veilles de travail & de langueur. Il mourut ce grand Homme ſans doute avec le regret de n'avoir pas accompli ſes projets pour l'affermiſſement & pour la ſplendeur de l'Académie Françoiſe: mais l'Eſprit du grand Armand avoit rencontré un autre Eſprit capable de ſuivre & de remplir ſes idées. Un Chancelier élevé parmi vous, SEGUIER, le plus digne fils de l'Académie, ſortit de ſon ſein pour la proteger. Il raſſura cette Compagnie errante & deſolée. Il la receut auprés de luy. Digne Chef des Conſeils & des Parlemens, Emulateur de ces Temps renommez, où quand le Senat de Rome decidoit du deſtin des Peuples & des Rois, une ſage éloquence déterminoit les deciſions du Senat: ce grand Chancelier crut ne pouvoir mieux placer les Maiſtres de la Parole que dans le Temple de la Juſtice. Il ſemble meſme avoir laiſſé à ſes Succeſſeurs l'eſtime & l'amour qu'il eut pour Vous comme un devoir, ou comme un honneur attaché à cette ſupréme Magiſtrature.

LE cours de vos belles deſtinées n'en devoit pas demeurer là. A meſure que l'Académie acqueroit de nouvelles forces, & que les fruits de tant de nobles veilles s'avançoient vers la perfection, de nouveaux Emplois luy estoient reservez ; une plus haute Protection luy estoit deüe. Vous vous estes élevez par degrez auprés du Trosne, vous estiez appellez dans le Palais d'un Roy pour qui seul vous estes formez ; & qui trouve en vous les plus excellens Ouvriers des Couronnes immortelles qu'il merite, comme vous trouvez en luy l'Objet le plus parfait qui pust jamais animer vostre Zele à vos Travaux. Il estoit bien juste aussi que tant d'Hommes choisis dans toutes les Conditions eussent à leur teste Celuy qui commande à toutes les Conditions, qui en sçait tous les Devoirs & qui en a toutes les Vertus : & pour vous parler encore plus précisément, MESSIEURS, de ce qui vous regarde comme Académiciens, jusques icy quelque chose manquoit à l'accomplissement de l'Académie. Aprés tous les differens caracteres de vos éloquens Autheurs, vous aviez besoin d'avoir encore parmi vous le modelle d'un nouveau genre d'éloquence. Definissez hardiment quel est le langage des Rois, le langage de la Souveraineté & de l'Empire, vostre Protecteur l'apprend à tout le Monde, à vous-mesmes, à sa Cour, à tous ses Sujets, à tous les Estrangers ; jamais on ne parla mieux en Roy.

Vous qui avez recherché dans toutes les Langues ce qui pouvoit encore embellir la noſtre, & enrichir vos Eſcrits, reconnoiſſez-vous dans les Hiſtoires de tous les temps, dans celles meſme qu'on ſoupçonne le plus de n'eſtre qu'imaginées, des Exemples de Grandeur & de Vertu pareils à ceux dont vous eſtes les témoins, & dont vous devez inſtruire la Poſterité? Avoit-on jamais veu dans aucun Regne une ſi durable égalité de Gloire & de Bonheur, & une ſi admirable varieté de grands Projets & de merveilleux Evenemens?

Combien de fois la Victoire a-t-elle volé ſur les pas de ce grand Roy, ou par ſon commandement, au gré de ſon Courage & de ſa Juſtice? Combien de fois la Paix eſt-elle deſcenduë des Cieux rappellée par ſa Clemence & par ſa Moderation?

Mais quelles couleurs emploirez-vous, quels traits aſſez forts, quelles comparaiſons d'Orages, de Tempeſtes, de Guerre des Dieux & des Geans pour décrire l'effroyable Guerre qu'il vient de terminer? Seul contre la multitude des Nations conjurées & des Peuples furieux qui fondoient de tous coſtez ſur la France comme des torrens, comme des montagnes de flots preſts à l'engloutir! non ſeulement ce Heros par ſon intrepide fermeté nous a fait ignorer les perils ; non ſeulement par ſa vigilance infatigable & par ſon invincible valeur nous a ſauvez ; mais nous a tellement accouſtumez à vaincre que nous ne ſongions plus meſme à deſirer le Calme & la Paix ! Roy ſage & magnanime ! fidelles & genereux Sujets ! Ils ſont preſts à donner tout le reſte de leurs biens & de leur ſang pour continuer ſes Victoires & ſes Triomphes ! Il renonce aux Triomphes & aux Victoires pour ne ſonger qu'au Repos & à la Felicité de ſes Sujets !

Que nos Ennemis eux-meſmes regardent ces floriſſantes Armées, cet Ordre, cette Diſcipline, toute cette Pompe formidable qui ſert de Spectacle & de Leçon à nos jeunes Heros, d'Exercice pour tromper une envie impatiente de veritables Combats. Dans ces repreſentations de Sieges & de Batailles, dans ces Attaques feintes, au milieu de ces Eclaïrs qui ne ſont plus accompagnez de la Foudre, qu'on voye ſi la Foudre n'eſt pas encore en eſtat de tomber ? qu'on voye ce que feroient encore nos braves Soldats ſous un Roy tousjours vainqueur ; & s'ils ſe ſentent de la guerre paſſée que par la noble ardeur de la recommencer.

Oüy que nos Ennemis, ſi nous en avons encore, que nos Ennemis viennent donc voir s'ils ne doivent pas la Paix aux ſeules Bontez que nostre Prince a pour nous, & s'il n'a pas voulu faire le Bonheur de toute la Terre, en faisant celui de ses Peuples.

Où n'irois-je point, Messieurs, si je suivois l'habitude passionnée que j'ay à loüer ce grand Roy? J'en ay fait l'occupation de toute ma vie. Mais malgré tout mon zele & tous mes transports j'ay bien peur de n'apporter icy qu'une foible voix pour applaudir à vos Travaux immortels, sans pouvoir les seconder. Et comment oseray-je entreprendre desormais ce que je trouve mesme si difficile pour vous? Promettez-moy donc vostre indulgence ou vostre secours, tandis que je vous donneray mon attention & ma déference; permettez-moy d'esperer que je retrouveray ce temps heureux, cet âge d'or de la naissante Académie, où l'on s'aidoit, où l'on s'animoit les uns les autres, où la douceur mutuelle qu'on trouve à répandre les biens dont on est riche, & à recevoir ceux dont on manque resserroit tous les jours entre les premiers Académiciens, les nœuds d'une solide & sincere amitié. Je me presente à vous avec ces sentimens, Messieurs, & avec une simplicité qui a son merite, si c'en est un que d'estre sensiblement touché des biens de l'Esprit, & d'aimer sincerement ceux qui me les communiquent. Et ne sçay-je pas que c'est l'illuſtre Amitié dont pluſieurs d'entre vous m'honorent qui a diſpoſé le reſte des ſuffrages en ma faveur ? A ce mot d'Amitié je rappelle encore un ſouvenir qui m'eſt bien cher, je nomme icy avec tendreſſe le fameux M. Pelliſſon, qui a receu autrefois tant d'honneur de l'Académie, & qui luy en a tant fait par ſon excellente Hiſtoire. C'eſt peut-eſtre au bonheur que j'ay eu d'eſtre le Diſciple d'un Homme ſi celebre que je dois auſſi la qualité glorieuſe de voſtre Confrere qu'il poſſedoit ſi dignement. C'eſt luy qui m'a initié dans vos ſçavans Myſteres. Il traitta d'heureux Genie une Inclination dont je me défiois, il m'enhardit à marcher dans une Route ſouvent auſſi dangereuſe que penible, à moins qu'on n'ait aſſez de force pour parvenir à ce haut degré de merite & de reputation où je me contentois de vous reverer. Eſt-il donc vray que vous m'appellez au partage de voſtre Gloire ? eſt-il vray que mon nom vivra dans ce Sanctuaire de l'Immortalité ? Les expreſſions me manquent, je ſuis obligé de finir, en vous proteſtant, MESSIEURS, que favoriſé ſi particulierement des uns, redevable à tous, je n'aſſiſteray jamais à vos Aſſemblées, je n'entreray jamais dans ce Lieu auguſte ſans y renouveller ma vive reconnoiſſance.

APRÈS QUE MONSIEUR l'ABBÉ GENEST eut achevé ſon Diſcours, Monſieur l'ABBÉ BOILEAU alors Directeur de l'Académie, luy répondit.

ONSIEUR,

Quand l'Académie vous a donné ſes ſuffrages pour réparer la perte de celuy que nous regrettons, elle n'a pas eu égard à la conformité de vos eſtudes; Elle n'a pas ſongé que vous eſtant appliqué comme luy à la Poëſie, vous avez pris la meſme route dans l'Empire des Lettres. Ce genre de reſſemblance ne l'a jamais determiné. Quelquefois à un Poëte ſuccede un Hiſtorien, à un Miniſtre puiſſant un Autheur qui n'a pour thréſors que ſes vers, & pour fortune que ſa reputation : au Chef de la Juſtice un Sçavant qui n'a jamais connu d'autre procés que celuy des Anciens avec les Modernes.

Et pour ſuivre, MONSIEUR, voſtre idée ſi juſte qu'il ſemble que vous ayez déja aſſiſté à nos Conférences, & gouſté la douceur de noſtre commerce, à coſté de la pourpre & ſouvent audeſſus eſt aſſis un Ecrivain qui n'a pour équipage que ſon érudition, inconnu peut-eſtre de ſes compatriotes, celebre chez les Etrangers, negligé quand on le voit, reſpecté quand on le nomme.

La naiſſance ne donne pas icy de privilege, ny la dignité de rang, ny le credit de faveur. Les uns ſe deſpoüillent de leurs titres, les autres de leur gloire, tous de leurs préjugés.

La grandeur s'éclypſe, l'autorité ſe ſoumet, la reputation meſme s'oublie, la ſuperiorité des talens trouve icy place, mais ne cherche pas de diſtinction, & le merite qui y procure l'entrée n'y donne pas de préſeance.

Vous avez, MONSIEUR, tout dit en un mot, quand vous avez dépeint ces eſprits dégagés, qui ont le gouſt du Vrai & l'idée du Solide. Caractere que nous cherchons pour un travail utile aux nations étrangeres, glorieux à la noſtre : & pour étudier une éloquence, qui a le bien public pour but, la verité pour regle, l'antiquité pour modéle, la poſterité pour Juge, & la gloire du Roy pour recompenſe. Caractere, dis-je, qui ſeul peut faire l'éloge, & qui ſeul doit faire le choix d'un Académicien.

Nous en avons perdu un, aſſidu à nos Exercices, plein de veneration pour la Compagnie, pour qui la Compagnie avoit beaucoup de tendresse : dans ses jeunes années, il trouva l'appuy d'une noble famille, dont le nom nous sera tousjours cher, qui sembla l'adopter, parce que tous les gens d'esprit paroissoient naturellement en estre.

Sans trop consulter quel usage il devoit faire du sien, il s'estudia à faire des pieces de Theatre: Porcie luy attira des applaudissemens. Il en composa d'autres, dont le sort ne fut pas tousjours égal. Mais sans que le caprice de l'approbation populaire luy ostast le courage, soustenant tousjours l'honneur de ses talens malgré les variations du Public, appellant enfin au secours de sa reputation la sainteté du sujet, il éleva ses muses & sa gloire par le succés d'une Heroïne sacrée que tout Paris a honoré de sa presence. Tant il est vray qu'on ne réussit jamais mieux que de concert avec la verité. Témoin ses Cantiques & ses Paraphrases qu'on écoutoit avec plaisir toutes les fois que nous ouvrions nos portes, faisant icy comme amende honorable à la Poësie Chrestienne, qui n'a pas eu pour luy l'ingratitude de la profane, & qui l'a bien dédommagé par les larmes que Judith a fait répandre.

Homme franc, cordial, bon critique sans estre rigoureux, qui découvroit les beautez, excusoit les fautes, faisant grace aux autres, & souffrant qu'on luy fit justice.

Indulgent & docile, d'un eſprit facile & laborieux, malgré ſon feu, moderé : Malgré le génie de ſon art, ſincere ; & malgré celui de ſa nation, modeſte. Il a décrit les paſſions ſans en eſtre troublé, cherchant la bienſeance dans ſes Ouvrages, l'ayant tousjours obſervée dans ſes mœurs. Heureux d'avoir travaillé toute ſa vie pour aller à la belle gloire, mille fois plus heureux d'avoir enfin eſtudié & parlé le ſaint langage pour apprendre à la mépriſer.

Nous le pleurons. (Ainſi s'évanouït la gloire humaine.) Aprés la mort, que nous reſtera-t-il de nos eſtudes? Un court éloge pour donner lieu d'en faire un plus long à celuy qui remplira noſtre place. Les larmes répandües ſur le tombeau s'eſſuyent à la vûe du ſucceſſeur : l'artifice d'un diſcours composé pour pleurer l'un, cede à la fineſſe d'un mot placé pour élever l'autre, & tout l'encens deſtiné pour nous ne vaut pas le ſeul grain qu'on luy ménage. Là ſe terminent toutes les loüanges. Aprés cela travaillerons-nous pour les meriter ? Travaillons donc auparavant à ne pas nous ſoucier de les obtenir.

Vous en avez eu, MONSIEUR, du Roy & de la Cour qui ont applaudi à vos Muſes naiſſantes. Ce n'eſt point le ſeul motif qui a determiné l'Académie. Tout ce qui peut attirer ſon choix a concouru pour vous, ſoit qu'elle regarde de quelle main eſt formé celuy qu'elle veut s'aſſocier, quel a eſté le ſuccés de ſes Ouvrages, & l'honneur de ſes emplois. Tout a parlé en voſtre faveur.

Nourri dans le ſein de la politeſſe & des graces près du fameux Peliſſon, dont l'Académie pour ſon propre honneur devroit bien faire l'Hiſtoire, quand il n'auroit pas luy-même fait la ſienne, falloit-il une ſollicitation plus puiſſante ? Cependant en vous appellant dans ſes Aſſemblées, elle a crû remplir un devoir de Juſtice pour vous, & non pas de reconnoiſſance pour luy.

Elle ſçait quel a eſté le ſort de vos travaux, & que vos premiers Vers furent honnorés de l'eſtime du Prince, & recompenſés de ſes bienfaits.

Quand elle ne ſe ſouviendroit plus que vous fuſtes le premier qui après la priſe de Maſtric miſtes le laurier ſur le front du Vainqueur, & dans le champ de bataille chantaſtes une Ode digne de la Majéſté du triomphe, elle n'auroit pas oublié voſtre nom gravé dans ſes Faſtes, & qu'elle vous donna le prix ſur tous ceux qui celebrerent l'honneur qu'elle a d'avoir pour Protecteur celuy des Rois & de la Religion.

Vos écrits n'ont jamais eſſuyé la varieté de la fortune, touſjours ſages, touſjours corrects, touſjours heureux.

En faut-il d'autre preuve que l'importance des emplois, dont le Roy vous a honoré? Il vous a confié l'honneur de son sang, & le dépost de l'interest que l'Estat & la Vertu prennent à l'éducation de deux augustes Princesses. Instruction qui ne demande point un si grand amas de sciences; mais plus d'habileté & de sagesse quand ce ne seroit que pour choisir ce qu'elles doivent apprendre, & encore plus ce qu'elles doivent ignorer. Si quelqu'un doutoit de la vostre, nous avons entre nos mains vostre dernier Poëme, où il y a plus de sens que de vers, & où l'Histoire instruit une autre Princesse, dont la destinée est bien glorieuse, de faire les delices du plus grand des Rois, & l'esperance du premier des Royaumes.

Y a-t-il homme de lettres dont le maistre ait esté plus habile, les compositions mieux reçûes, les fonctions plus nobles?

Oserois-je cependant le dire, ce n'est point tout cela qui vous a obtenu place parmy nous. C'est ce caractere du Vray, & ce goust du Solide qui se fait sentir dans vos mœurs, & dans vos écrits. Vous l'avez puisé dans les plus anciennes sources de la raison.

Le commerce que vous avez avec Platon, & tous les anciens Sages, a esté soustenu par celuy dont vous estes lié avec les premiers hommes de nostre temps, & sans sortir de ce lieu, avec ceux qui se sont devoüés à la verité, soit qu'ils la découvrent dans la Litterature, soit qu'ils l'écrivent pour la posterité, ou qu'ils la soustiennent pour l'Eglise.

Ne l'avez vous pas soustenüe vous-même? il falloit bien que vous fussiez rempli des veritez de la Religion lorsque vous écrivistes ce que nous lisons avec étonnement au plus beau génie, dont le Calvinisme se glorifiast, helas! prest à revenir au centre de la foy, si vaincu par vos raisons, il avoit pû vaincre une superbe honte.

Que diray-je du Portrait que vous nous avez donné d'un excellent homme, Ornement de nostre siecle, & qui auroit esté à nostre siecle même inconnu, si vostre éloquente amitié n'eust revelé les merveilles qu'avoit cachées sa modestie?

Vous le peignés épris & enflammé de l'amour du Vray dans ce petit Ouvrage où l'Auteur qui le represente si aimable le devient luy-mesme.

C'est ce Vrai que cherchoient ces ames fortunées & innocentes avec lesquelles vous nous avez comparés. Elles se le communiquoient les unes aux autres exemptes des fausses idées de cette vie.

Il n'y a personne qui n'aime l'éloquence;

mais l'eſprit de l'Académie eſt de s'inſtruire pour trouver la vraye, & démeſler celle qui ne l'eſt pas. Il n'y a que ce caractere du Vray qui la diſtingue; il faut que là vanité ſe retire pour faire place à la verité. Le vray Orateur eſtime indigne de luy, tout ce qui ne ſert qu'à le faire paroiſtre; les pointes pour prouver qu'il a du genie, les citations pour faire montre de ſa ſcience, les figures pour eſtaler ſon art, tout celá n'entre point dans ſon Diſcours, l'eſprit meſme, il le bannit pour introduire la raiſon. Tout ce qui n'eſt bon qu'à faire eſtimer celuy qui parle n'a jamais perſuadé: les ornemens qui n'entrent pas dans la neceſſité de l'édifice ſont des deffauts. Tout eſt proportion, unité, deſſein, l'agrément qui n'y a pas de rapport choque, & ce qui ne ſert ſimplement qu'à la beauté ne peut jamais eſtre beau icy.

Encore une fois la vraye Eloquence mene à ſon ſujet ſans amuſement, ſans écart, ſans detour, ſûre même de plaire. Les fleurs naiſſent ſous ſes pas, mais d'une courſe legere ſe haſtant d'aller au but, elle les foule aux pieds, & ne daigne pas les cüeillir; l'Eloquence ſe fait ſentir, mais ne ſe fait pas remarquer.

Pourquoy celuy-cy n'y arrivera-t-il jamais? C'eſt qu'il a trop envie de la découvrir, il quitte ſa cauſe pour ſa vanité, & ſon ſujet parce qu'il eſt entraiſné par ſon orgueil, il aime mieux montrer ſon eſprit que convaincre le mien.

Vous qui n'avez pas le courage de ſacrifier ce qui brille, vous me ferez confeſſer voſtre habileté ſans me faire embraſſer voſtre avis, j'iray juſqu'à l'admiration de voſtre perſonne, mais vous ne parviendrez jamais juſqu'au changement de la mienne.

D'où vient que ſi peu de genies peuvent atteindre au Sublime? C'eſt qu'on s'aime mieux ſoy-même que la verité, on ſouhaitte plus de prouver qu'on la connoiſt que de la faire connoiſtre, & d'avoir l'honneur de l'embellir, que le bonheur de l'inſpirer.

Laſche Eloquence qui ne s'éleve pas audeſſus des applaudiſſemens, qui ne ſe défie pas d'elle-meſme quand elle excite ces ſubites acclamations qui interrompent, ſi agréables aux novices de l'art.

Teſmoignage bien équivoque d'éloquence que ces tumultueuſes ſaillies. Il y a bien de la difference entre le raviſſement & la perſuaſion. Elles ont pluſtoſt l'air d'une lueur qui brille, que d'une verité qui triomphe.

Qu'une courte & volage flamme s'éleve & periſſe en l'air, on ſe récrie, on ne ſe récrie pas quand le ſoleil rend la lumiere. Il eſt enlevé, dit-on, c'eſt un homme ébloui qui s'étonne, & non pas un homme gagné qui conſent: & ſouvent aprés cet amas de figures qui tiennent en ſuſpens l'Auditeur, c'eſt autant beſoin de reſpirer qu'envie d'applaudir.

Cherchons ce qui eſt vray, ce qu'un Lecteur froid approuve, ce que les reflexions des ſiecles à venir ne dementiront jamais.

Et puiſque nous ſommes redevables de nos eſtudes à noſtre invincible Protecteur, ne comptons pour loüanges dignes de luy, que celles que la poſterité alloüera, que perſonne ne conteſtera, & qui agréeront meſme à ſes ennemis, dont ils demeureront d'accord, non ſeulement forcez de les avoüer; mais bien-aiſes de les entendre.

Telles ſont les loüanges que vous venez de luy donner, MONSIEUR; Eh qui dans l'Europe peut diſputer au Roy la gloire de bien parler? Toutesfois, MONSIEUR, parler en Roy n'eſt pas ſeulement répondre juſte, s'exprimer avec grace, accorder avec plaiſir, refuſer avec bonté: ce n'eſt pas ſeulement avoir des termes purs, un ſtile poli, en peu de paroles renfermer beaucoup de ſens, ny précipité, ny équivoque, ny railleur, conſerver en parlant, une aimable fierté, & une ſouveraine bien-ſéance.

C'eſt quelque choſe de plus. Parler en Roy,

c'eſt parler ſouvent comme ſi on ne l'étoit pas, quitter le langage d'un Monarque pour prendre celuy d'un pere. C'eſt parler en Juge pour la juſtice contre ſes intereſts; en vainqueur pour la miſericorde contre les injures; en Chreſtien pour le devoir contre les paſſions; diſons tout, parler en Roy, c'eſt prononcer en faveur de ſes peuples contre ſes triomphes, annoncer la paix par la bouche de la Victoire, décider en faveur de l'Univers, dût-il eſtre ingrat, & préferer à l'avantage d'eſtre la terreur du monde, celuy d'en eſtre le bienfaicteur.

Voila des loüanges que j'appelle dignes de luy, d'autant plus vrayes qu'elles percent les Alpes & les Pyrenées, qu'elles traverſent le Rhin & l'Ocean, que nous pouvons les publier dans l'Aſſemblée generale des Nations. Loüanges que la joye dicte, que l'envie confeſſe, que la Religion approuve.

Perſonne ne conteſtera non plus le ſecond Eloge que vous avez donné au Roy, d'avoir l'eſprit de toutes les conditions: n'en demeurons point là: il en a auſſi le cœur, & non ſeulement de toutes les conditions; mais de tous les peuples de la Terre.

En quelque endroit du monde que nous allions, chez les Souverains, dans les Republiques, nous pouvons prononcer le Panégyrique de la Paix qu'il a donnée: il ſera écouté auſſi favorablement que dans ce Palais. Que dis-je? ces peuples qui doivent leur repos à ſa clemence s'expliquent mieux que nous. Allons les entendre, il ne faut pas d'interprete. Les acclamations & les réjoüiſſances ſont par tout d'un meſme langage, la flatterie n'y a point de part, l'éloquence n'a jamais fait conſentir l'Univers malgré luy. Tel eſt l'Eloge digne du premier des hommes, ce Panegyrique univerſel que la nature fait dans les cœurs, ſans attendre le ſecours de l'Art.

Avant la paix, quand on racontoit ſes prodiges, ils ne pouvoient le nier; mais avoüons le vray, quand ils voyoient la Victoire, l'inexorable Victoire le ſuivre par tout où ils portoient leurs armes, & comme ſe multiplier pour luy ſans retour & ſans pitié pour eux, quand toute l'Europe liguée ne peut compter pour ſuccés qu'une Ville repriſe dans le cours de neuf années de guerre, croyez-vous de bonne foy que leur étonnement fiſt leur ſatisfaction? Ils entendoient l'Eloge du Roy comme on entend le tonnerre avec chagrin, avec tremblement. Mais depuis que ſa moderation les a ſurpris autant que ſa puiſſance, toutes les oreilles ſont ouvertes pour entendre ſes loüanges, & toutes les bouches pour les repeter: elles deſeſperent ceux qui les veulent imiter, embaraſſent ceux qui les veulent écrire, occupent les uns, charment les autres, réjoüiſſent tout le monde, & n'importunent plus que luy.

Ce ſeroit trop peu d'eſtre agréables à toute la Terre, ſi elles ne l'eſtoient au Ciel. Comment ne le ſeroient-elles pas ? Quand il s'eſt agi de ſes propres intereſts, on l'a trouvé facile & genereux. Quand il a eſté queſtion de ceux de la Religion, il n'a jamais rien relaſché, toûjours ferme, inflexible, intraitable. C'eſt que pour ſa gloire il peut eſtre indifferent, pour ſa Religion il ne peut luy eſtre infidelle, parce qu'il met ſa gloire dans le bonheur du monde, & le bonheur du monde dans la Religion.

Bien éloigné de ces Conquerans, qui pour venger leurs injures, pardonnent celles de Dieu, reprennent ſur luy ce que leur vertu leur fait perdre, & deffrayent leur moderation aux dépens de leur Foy : LOUIS a fait grace à tout, excepté à l'Hereſie, a mieux aimé que ſa gloire payaſt pour ſa Religion, a eu le bonheur de calmer l'Europe ſans qu'il en couſtaſt rien à l'Egliſe, de faire la joye des hommes ſans troubler celle des Anges, & de mettre la Terre en repos ſans mettre le Ciel en courroux.

Eloge dont le fond ne ſe peut trouver que dans ſon cœur. Pour étonner l'Univers, il a eu beſoin de Soldats; pour le rendre heureux, il n'a eu beſoin que de luy-même : ſentiment qui n'a eſté ny ſuggeré, ny forcé; honneur que rien ne partage avec luy : ſes armées, ſes conqueſtes, ſon bonheur s'oppoſoient à ſa generoſité. Ses Sujets, ſes fideles Sujets ne la demandoient pas, preſts à tout ſacrifier pour continuer ſes triomphes. La proſperité y forma obſtacle. Il fiſt taire la voix de la Victoire qui vint importuner ſes projets; mais elle ne pût changer ceux de ſa bonté. Je vous atteſte, vous Dépoſitaires de ſes heroïques intentions, je n'iray pas loin, l'Académie luy en a fourni deux pour conclure la Paix, comme elle luy en preſte encore deux pour la louër ; car c'eſt bien la louer que de l'écrire.

Je vous atteſte, vous Peuples voiſins, accourez au ſpectacle qu'il vient de donner, ce n'eſt point tant l'image de la guerre que le triomphe de la Paix. Quelle magnificence pour inſtruire ſon petit Fils, que ſeroit-ce s'il armoit ſon Fils ? Venez, non pour juger de la force de ſes armes, mais de la grandeur de ſon bienfait. Voyez ces troupes fieres & victorieuſes, qui ſemblent luy ouvrir l'Univers : LOUIS voit le calme qu'il y a mis, content de ſon Ouvrage, cependant tousjours Maiſtre de la foudre, ſi ſa bonté faiſoit des ingrats, comme ſa gloire a fait des jaloux.

Qu'elle faſſe non ſeulement l'entretien, mais les délices de tous les hommes, non ſeulement l'envie, mais l'étude de tous les Heros: que nos arriere-neveux gouſtent long-temps la felicité de ſon Regne: que Dieu pour exaucer nos deſirs ait égard à ſes propres intereſts: que perſonne n'entende ſon Eloge, ſans y vouloir ajouſter, & que tout le monde le trouve tousjours, & trop court, & trop foible.

FIN.

EXTRAIT DU PRIVILEGE DU ROY.

PAR Grace & Privilege de Sa Majesté donné à Versailles le 2. Juillet 1693. il est permis à JEAN BAPTISTE COIGNARD, Imprimeur & Libraire ordinaire du Roy, & de l'Académie Françoise à Paris, d'imprimer, vendre & debiter *Tous les Discours de Prose & Pieces de Poësie qui ont déja esté imprimez, & autres que l'Académie voudra faire imprimer à l'avenir; tant de par Elle, que dans les receptions d'Académiciens, &c.* pendant le temps de VINGT ANNE'ES, avec défenses à tous autres d'imprimer ou reimprimer lesdits Discours & Pieces de Poësie qui ont déja esté imprimez, & autres que l'Académie composera cy-aprés, sur les peines portées à l'original dudit Privilege.

Registré sur le Livre de la Communauté des Imprimeurs & Libraires de Paris, le 6. Juillet 1693. Signé P. AUBOUYN, Syndic.

www.ingramcontent.com/pod-product-compliance
Ingram Content Group UK Ltd.
Pitfield, Milton Keynes, MK11 3LW, UK
UKHW021209230726
13926UKWH00001B/404

9 782014 102963